# *Crumbles & Crisps*

von
Claudia Schmidt

fotografiert von
Veronika Studer

Bassermann Inspiration

# Inhalt

# Köstlichkeiten, die das Herz erwärmen

**»Verführerisch saftige Früchte und knusprige Streusel sind ein echtes Erfolgsteam.«**

Ich saß an einem ungemütlichen Tag fernab der Heimat mit einer britischen Freundin zusammen. Sie schwärmte von den Crumbles, die ihre Mutter machte, und wir beide bekamen Appetit auf einen **»Apple Crumble«**. Das Rezept war so einfach und wir hatten alle Zutaten im Haus. Schon kurze Zeit später löffelten wir einen Apfel-Crumble, welcher der Freundin ein Stück Heimat vermittelte und für mich etwas völlig Neues war. Die Briten bezeichnen ein Dessert, das gleichermaßen Körper und Seele wärmt, als **»Comfort Food«** und auch ich schloss den Crumble sofort in mein Herz. Diese Mischung aus süß-säuerlicher, weicher Frucht und den knusprig-buttrigen Streuseln entfachte in mir eine **Leidenschaft**.

Die Geschichte der Crumbles ist noch recht jung und zeigt einmal mehr, dass Not erfinderisch macht. Crumbles sollen auf den II. Weltkrieg zurückgehen. Für einen echten Pie waren weder genug Butter noch genug Zucker oder Mehl vorhanden. Lebensmittel waren rationiert. So verzichtete man auf den Kuchenboden, gab die Früchte direkt in die Form und bedeckte das **Obst mit Streuseln**.

**Crisps** sind die US-amerikanischen Verwandten der Crumbles. Die Streusel enthalten meist mehr Butter und Zucker. Das zollt dem Geschmack der Amerikaner Tribut. Zudem werden dem Streuselteig häufig Nüsse hinzugefügt.

Crumbles & Crisps sind **unglaublich einfach** zu machen. Für die Streusel muss man kein Konditor sein. Kein Teig, der ruhen oder aufwändig geknetet werden muss. Die Zutaten hat man fast immer im Haus und kann – anders als bei vielen Kuchen und Keksen – **unendlich viel variieren**, ohne dass das Ergebnis enttäuscht. Der Unterschied zwischen einem Crumble oder einem Crisp besteht manchmal lediglich nur aus ein wenig Schnibbeln und Mixen der Streusel.
20 Minuten später **duftet es verführerisch** aus dem Ofen und dem **fruchtigen Vergnügen** steht nichts mehr im Weg. Gesellen sich unerwartet ein paar mehr Gäste an den Tisch, lässt sich die Menge einfach und rasch erweitern. Ob eine Person oder zehn – das spielt keine Rolle.

Ich wünsche Ihnen viel Vergnügen beim Ausprobieren und Genießen!

Ihre

*Claudia Schmidt*

# Meine besten Tipps & Tricks

- Lernen Sie Ihren **Backofen** kennen! Wenn Sie wissen, dass Ihr Kuchen meist länger benötigt als in Rezepten angegeben, wird das auch bei den Crumbles und Crisps der Fall sein.

- Überkneten Sie den Teig für die Streusel nicht. Die würden nämlich sonst zäh und nicht mehr so schön mürbe und knusprig sein.

- Die in den Rezepten angegebenen **Mengen** lassen sich ganz einfach vervielfachen. Achten Sie aber darauf, dass der Crumble nicht zu hoch wird. Bei größeren Mengen einfach mehrere Formen nehmen. Schließlich soll das Verhältnis von Früchten zu Streuseln stimmen.

- Alle Crumble- und Crisprezepte lassen sich problemlos in mehreren **kleinen, ofenfesten Formen** backen. Als Formen eignen sich Tartelette- oder Auflaufförmchen. **Die Backzeit verkürzt sich dann um 5–10 Minuten.** Wichtiger als die Backzeit ist das Backergebnis. Die Streusel sollen goldgelb und knusprig sein.

- Bereiten Sie die doppelte Menge Streusel zu, die eine Hälfte für einen frischen Crumble, die andere Hälfte frieren Sie ein. Dazu die ungebackenen

»Ich bereite **die Streusel gern mit den** Fingern zu. So **spüre ich am besten, ob** die krümelige Struktur **stimmt.**«

Streusel auf ein mit Backpapier ausgelegtes Blech krümeln und **einfrieren**. Die gefrorenen Streusel in einen Gefrierbeutel füllen, so klumpen sie nicht zusammen.

- Die **tiefgefrorenen** Streusel geben Sie zum Backen direkt auf die Frucht und backen den Crumble ohne die Streusel vorher aufzutauen. Die Backzeit verlängert sich dann um einige Minuten.
- Sind die Früchte besonders süß, kann man bei den Streuseln etwas weniger **Zucker** nehmen. Probieren Sie das Obst, bevor Sie es verwenden!
- Crumbles sind für sich allein schon köstlich, perfekt werden sie, wenn ihnen noch ein kleiner, **kühler Begleiter** zur Seite steht. Dieser sollte **nicht zu süß** sein, denn der Reiz besteht gerade darin, dem warmen Crumble eine frische, kühle Note entgegenzusetzen. Eiscreme, Joghurt, Frozen Yoghurt oder ungesüßte Sahne passen eigentlich immer.

# Crumbles

# Crisps

Schichtwechsel

knusprig fruchtig

sahnig das dreifache

Krümelwunder

**Früchte**

* 500 g Rhabarber
* Saft und Schalenabrieb von 2 Bio-Orangen
* 3 EL Zucker
* 2 Äpfel
* 1 Spritzer Zitronensaft
* Butter für die Form

**Streusel**

* 100 g Butter
* 100 g Mehl
* 100 g gehackte Haselnüsse
* 25 g zarte Haferflocken
* 100 g Zucker

**Topping**

* 200 g Sahne
* 4 EL Eierlikör

**Außerdem**

* Auflaufform, Ø ca. 24 cm

# Rhabarber-Crumble mit Eierlikörsahne

10 Minuten * Backzeit: 10 + 30 Minuten * 4 Portionen

1 Den Backofen auf 190 °C (Umluft 170 °C) vorheizen. Den Rhabarber säubern, in ca. 4 cm lange Stücke schneiden und in eine gefettete Form füllen.

2 Orangensaft und -schale mit 2 EL Zucker erhitzen, bis sich der Zucker aufgelöst hat. Den Saft über den Rhabarber geben und für 10 Minuten in den Ofen geben.

3 Die Äpfel vierteln, entkernen und schälen und in mundgerechte Stücke schneiden. Mit Zitronensaft und 1 EL Zucker vermischen. Den Rhabarber aus dem Ofen nehmen und die Äpfel untermischen.

4 Für die Streusel alle Zutaten vermischen und mit den Fingern zu Streuseln verreiben. Gleichmäßig über den Früchten verteilen. 30 Minuten backen, bis die Streusel goldgelb sind.

5 Für die Eierlikörsahne die Sahne steif schlagen, den Crumble damit servieren und den Eierlikör über die Sahne träufeln.

»Mit der **Eierlikörsahne ist dies mein Lieblingcrumble** zu Ostern.«

»Ich liebe **die feine Schärfe vom Ingwer.**«

**Früchte**
* 450 g Rhabarber
* 200 g Erdbeeren
* 1 cm Ingwer
* 100 ml Wasser
* 50–60 g Zucker
* Butter für die Form

**Streusel**
* 60 g Butter
* 100 g Mehl
* 40 g Zucker
* 1 EL Vanillezucker

**Topping**
* 250 g Quark
* 100 g Joghurt
* 1 EL Zucker oder Honig

**Außerdem**
* Auflaufform, Ø ca. 24 cm

# Erdbeer-Rhabarber-Crumble mit Ingwer

10 Minuten * Backzeit: 20 Minuten * 4 Portionen

1. Den Backofen auf 200 °C (Umluft 180 °C) vorheizen. Den Rhabarber säubern, in ca. 4 cm lange Stücke schneiden und in einem Topf mit dem Wasser aufkochen.
2. Die Erdbeeren waschen und halbieren. Den Ingwer schälen und fein reiben.
3. Den Zucker zum kochenden Rhabarber geben und 4 Minuten köcheln lassen. Erdbeeren und Ingwer hinzufügen und weitere 2 Minuten köcheln lassen.
4. Für die Streusel die Butter mit dem Mehl verreiben. Mit Zucker und Vanillezucker zu Streuseln verarbeiten.
5. Das Rhabarber-Erdbeer-Kompott mit möglichst wenig Flüssigkeit in eine eingefettete Form füllen. Mit den Streuseln bedecken und etwa 20 Minuten backen, bis die Streusel goldgelb sind.
6. Für das Topping alle Zutaten gut verrühren und zum Crumble servieren.

**Früchte**
- 600 g Rhabarber
- 120 g Zucker
- 120 ml Wasser
- 250 g Himbeeren (TK)
- Butter für die Form

**Für die Streusel**
- 100 g Butter
- 100 g Mehl
- 40 g gemahlene Mandeln
- 80 g Zucker

**Topping**
- Vanilleeis

**Außerdem**
- Auflaufform, ca. 20 x 20 cm

# Rhabarber-Himbeer-Crisp

15 Minuten * Backzeit: 25–30 Minuten * 4 Portionen

1 Den Backofen auf 180 °C (Umluft 160 °C) vorheizen. Den Rhabarber in Stücke schneiden. Den Zucker mit dem Wasser zum Kochen bringen und solange köcheln lassen, bis der Zucker komplett aufgelöst ist. Die Rhabarberstücke dazugeben und gerade eben gar kochen, sie sollten noch etwas Biss haben. Leicht abkühlen lassen.

2 Eine ofenfeste Form einfetten. Das Rhabarberkompott hineingeben und die Himbeeren darauf verteilen.

3 Für die Streusel die Zutaten vermischen und mit den Fingern zu Streuseln zerreiben. Über den Früchten verteilen und 25–30 Minuten backen, bis die Streusel schön gebräunt sind. Eventuell nach 20 Minuten mit Alufolie abdecken, damit die Streusel nicht zu dunkel werden. Mit Eis servieren.

## Tipp

*Rhabarber und Himbeeren ergeben eine perfekte Allianz. Die Sache hat nur einen Haken: saisonal bedingt ist meist nur eine Fruchtart auf dem Markt zu haben. Im Frühjahr weiche ich deshalb auf Tiefkühl-Himbeeren aus und greife dann im Sommer auf meine eingefrorenen Rhabarbervorräte zurück.*

»Probieren Sie **diesen Crumble auch mal** mit leckerer Vanillesauce – **köstlich!**«

**Früchte**

- 500 g Stachelbeeren
- 2 EL Wasser
- 30–50 g Zucker (je nach Süße der Stachelbeeren)
- 3 EL Holunderblütensirup

**Streusel**

- 50 g Butter
- 100 g Mehl
- 50 g Zucker

**Topping**

- 200 g Crème fraîche

**Außerdem**

- Auflaufform, Ø ca. 24 cm

# Stachelbeer-Crumble mit Holunderblütensirup

10 Minuten * Backzeit: 30–40 Minuten * 4 Portionen

1. Den Backofen auf 180 °C (Umluft 160 °C) vorheizen. Die Stachelbeeren waschen und putzen, mit Wasser, Zucker und Holunderblütensirup in einem Topf zum Kochen bringen. Ca. 3 Minuten köcheln lassen, bis die Beeren aufplatzen.
2. Für die Streusel Butter und Mehl verreiben, dann den Zucker unterkneten, bis grobe Streusel entstehen.
3. Die gekochten Stachelbeeren in eine Form geben und großzügig mit den Streuseln bestreuen, 30–40 Minuten backen.
4. Die Crème fraîche aufschlagen und zum Crumble servieren.

## Tipp

*Stachelbeeren können ziemlich störrisch sein, ihre dicke Haut lässt alles von ihnen abprallen. Man muss den weichen Kern unter der harten Schale »hervorkitzeln«. Das gelingt am besten durch Kochen. Und zwar so lange, bis die Haut platzt. Versuchen Sie also erst gar nicht, diesen Crumble zuzubereiten, ohne die Früchte vorher zu kochen.*

**Früchte**

* 3 säuerliche Äpfel (z. B. Cox)
* 1 EL Zitronensaft
* 200 g Brombeeren (frisch oder TK)
* Butter für die Form

**Streusel**

* 60 g Butter
* 90 g Mehl
* 50 g Zucker
* 25 g zarte Haferflocken

**Topping**

* Vanilleeis oder -sauce

**Außerdem**

* Auflaufform, Ø ca. 26 cm

# Apfel-Brombeer-Crumble

10 Minuten * Backzeit: 25 Minuten * 4 Portionen

1 Den Backofen auf 180 °C (Umluft 160 °C) vorheizen. Die Äpfel vierteln, entkernen und schälen. In ca. ½ cm dicke Spalten schneiden und mit dem Zitronensaft vermischen. Zusammen mit den Brombeeren in eine eingefettete Form geben.

2 Die Butter mit dem Mehl verkneten. Zucker und Haferflocken dazugeben und alles zu Streuseln verarbeiten. Über den Früchten verteilen und etwa 25 Minuten backen, bis die Streusel goldgelb sind.

»Dieses Rezept **lernte ich in meiner Küchenzeit** im »River Cottage« **in Devon kennen. Die** Farm ist in Großbritannien **seit der ersten TV-Serie** Ende in den 90er-Jahren **ein** Begriff. Saisonale Küche **und Selbstgesammeltes aus der** Natur stehen dort hoch **im Kurs.«**

**Früchte**

* 600 g Äpfel (ca. 3 Stück, z. B. Gala oder Braeburn)
* 75 ml Weißwein (z. B. Riesling)
* 2 EL Zucker
* Butter für die Form
* 250 g frische Himbeeren

**Streusel**

* 60 g Mandelblättchen
* 110 g Butter
* 100 g Mehl
* 25 g zarte Haferflocken
* 100 g Zucker

**Topping**

* Vanillesauce oder griechischer Joghurt

**Außerdem**

* Auflaufform, Ø ca. 24 cm

# Himbeer-Apfel-Crisp

10 Minuten * Backzeit: 25–30 Minuten * 4 Portionen

1 Den Backofen auf 180 °C (Umluft 160 °C) vorheizen. Die Äpfel vierteln, entkernen und schälen. In mundgerechte Stücke schneiden.

2 In einem Topf Weißwein mit Zucker aufkochen, die Apfelstücke dazugeben und ca. 4 Minuten köcheln lassen. Vom Herd nehmen.

3 Eine ofenfeste Form einfetten. Die Äpfel darin verteilen und die Himbeeren auf die Äpfel geben.

4 Die Mandelblättchen in einer beschichteten Pfanne goldgelb rösten, dann beiseite stellen.

5 Butter, Mehl, Haferflocken und Zucker mit den Fingern zu Streuseln verarbeiten und über den Früchten verteilen. 25–30 Minuten backen, bis die Streusel goldgelb sind. Die gerösteten Mandelblättchen gleichmäßig auf dem Crisp verstreuen. Mit Vanillesauce oder griechischem Joghurt servieren.

## Tipp

*Dieser Crisp bekommt noch etwas mehr »Knusper« durch geröstete Mandelblättchen. Ich streue sie kurz vor dem Servieren über die Streusel, damit sie schön knackig bleiben. Gibt man die Mandelblättchen vor dem Backen auf die Früchte, weichen sie durch.*

**Früchte**

* 500 g gemischte Beeren (frisch oder TK)
* 3 EL Puderzucker
* 2 TL Vanillezucker
* 1 TL Maisstärke
* 1 EL Himbeer- oder Kirschgeist
* Butter für die Form

**Streusel**

* 100 g Butter
* 80 g Zucker
* 25 g zarte Haferflocken
* 100 g Mehl
* 1 Prise Salz
* 30 g gehackte Pecannüsse

**Topping**

* Sahne oder griechischer Joghurt

**Außerdem**

* 4 kleine Auflaufförmchen, Ø ca. 10 cm

# Beeren-Crisp mit Geist

10 Minuten * Backzeit: 20–25 Minuten * 4 Portionen

1 Den Backofen auf 180 °C (Umluft 160 °C) vorheizen. Die Beeren verlesen, waschen und trocknen. Puderzucker, Vanillezucker und Maisstärke über die Früchte sieben und alles vorsichtig vermengen. Den Obstgeist dazugeben und alles auf die gefetteten Förmchen verteilen.

2 Für die Streusel alle Zutaten bis auf die Pecannüsse mit den Fingern verkneten. Dann die Pecannüsse untermengen und alles zu groben Streuseln verarbeiten. Auf den Beeren verteilen und 20–25 Minuten backen, bis die Streusel schön bräunen. Mit ungesüßter Schlagsahne oder Joghurt servieren.

## Tipp

*Beeren sind bei mir die einzigen Früchte, die zum Backen noch ein wenig Stärke spendiert bekommen. Das verhindert, dass der Crumble zu flüssig wird. Falls Sie mehr säuerliche als süße Früchte verwenden, passen Sie die Zuckermenge entsprechend an: rote Johannisbeeren vertragen mehr Zucker als Himbeeren oder Erdbeeren.*

»Hier treffen **saftige Beeren auf knusprig-nussige Streusel:** ein Gedicht!«

Litho: Bild kommt neu!!

**Früchte**

- 8 Zuckeraprikosen
- 1,5 EL Honig
- 1 TL Zitronensaft
- 1 EL Amaretto
- 125 g Heidelbeeren
- Butter für die Förmchen

**Streusel**

- 50 g Amarettini
- 60 g Butter
- 20 g Mehl
- 30 g Zucker
- 1 EL gemahlene Mandeln

**Topping**

- 100 g Mascarpone
- 100 g Joghurt

**Außerdem**

- 4 ofenfeste Förmchen, Ø ca. 10 cm

# Aprikosen-Heidelbeer-Crisp mit Amarettinistreuseln

10 Minuten * Backzeit: 25 Minuten * 4 Portionen

1 Den Backofen auf 180 °C (Umluft 160 °C) vorheizen. Die Aprikosen halbieren und den Stein entfernen. Je vier Aprikosenhälften mit der Schnittfläche nach oben in ein gefettetes Förmchen legen. Den Honig mit Zitronensaft und Amaretto verrühren und über die Aprikosen träufeln. Die Heidelbeeren über die Aprikosen geben.

2 Für die Streusel die Amarettini in einen Gefrierbeutel geben und mit dem Nudelholz fein zerkrümeln. Mit den restlichen Zutaten mit den Fingern zu Streuseln verarbeiten, auf die Früchte geben und ca. 25 Minuten backen, bis die Streusel goldgelb sind. Falls die Streusel zu stark bräunen, nach 20 Minuten mit Alufolie abdecken.

3 Mascarpone und Joghurt mischen, zu einer gatten Creme verrühren und zum Crisp servieren.

**Früchte**

* 600 g Pfirsiche oder Nektarinen
* 250 g Brombeeren
* 2 EL brauner Zucker
* Butter oder Kokosöl für die Form

**Streusel**

* 85 g Quinoa
* 100 g brauner Zucker
* 100 g Butter oder Kokosöl
* 45 g Vollkornreismehl
* 50 g Kokosmehl
* 50 g gemahlene Mandeln
* 1 TL Zimt
* 1 Prise Salz

**Topping**

* 400 ml Kokoscreme
* 4 Kugeln Pfirsichsorbet

**Außerdem**

* ofenfeste Form, Ø ca. 28 cm

# Pfirsich-Brombeer-Quinoa-Crisp

10 Minuten * Backzeit: 30–35 Minuten * 4 Portionen

1 Den Ofen auf 175 °C (Umluft 155 °C) vorheizen. Die Pfirsiche waschen, trocknen und halbieren. Den Stein entfernen und die Früchte in ca. 1 cm dicke Spalten schneiden. Pfirsiche mit den Brombeeren in die gefettete Form geben und mit dem Zucker bestreuen.

2 Den Quinoa kurz waschen (so vermeidet man, dass er leicht bitter schmeckt) und in einem feinmaschigen Sieb abtropfen lassen.

3 Den Quinoa mit den restlichen Zutaten zu Streuseln verarbeiten und über den Früchten verteilen. 30–35 Minuten backen, bis die Streusel goldbraun sind und die Früchte Saft gezogen haben. Den Crisp evtl. nach 20 Minuten mit Alufolie abdecken, falls die Streusel zu stark bräunen.

4 Die Kokoscreme aufschlagen und mit dem Sorbet zum Crisp servieren.

»Quinoa passt **nicht nur gut zu Salaten**, auch Desserts gelingen mit **dem südamerikanischen Pseudogetreide** prima.«

»Kennen Sie **die türkischen Zuckeraprikosen? Ich kann** sie nur empfehlen.«

**Früchte**

- 750 g Aprikosen
- 2 EL Honig (nach Belieben)
- 2 EL Amaretto
- Butter für die Form

**Streusel**

- 3 EL Mandelblättchen
- 75 g kalte Butter
- 90 g Mehl
- 55 g Zucker

**Topping**

- geschlagene Sahne

**Außerdem**

- ofenfeste Form, Ø ca. 26 cm

# Aprikosen-Mandel-Crumble

10 Minuten * Backzeit: 30 Minuten * 4 Portionen

1 Den Backofen auf 180 °C (Umluft: 160 °C) vorheizen. Die Aprikosen halbieren und entsteinen. In eine ofenfeste, eingefettete Form mit der Schnittfläche nach oben setzen. Den Honig mit dem Amaretto verrühren und über die Aprikosen träufeln.

2 Die Mandelblättchen in einer beschichteten Pfanne rösten, bis sie leicht anfangen zu bräunen, dann beiseite stellen.

3 Für die Streusel Butter und Mehl mit den Fingern verreiben. Den Zucker zugeben und rasch zu Streuseln verkneten

4 Die Streusel auf die Aprikosen geben und etwa 30 Minuten backen, bis sie schön gebräunt sind. Kurz vor dem Servieren mit den gerösteten Mandelblättchen bestreuen. Mit geschlagener Sahne servieren.

## Tipp

*Dieser Crumble verlangt nach wirklich sommersüßen Aprikosen. Wer keine reifen Aprikosen bekommt, kann auch Aprikosen aus der Dose verwenden, diese dann aber gut abtropfen lassen und auf den Honig verzichten.*

**Früchte**

- ✳ 4 Pfirsiche
- ✳ 1 EL Zitronensaft
- ✳ 2 EL Zucker
- ✳ Butter für die Form

**Streusel**

- ✳ 75 g Butter
- ✳ 85 g Mehl
- ✳ 60 g Zucker
- ✳ 50 g gemahlene Mandeln
- ✳ 2 EL Mandelblättchen

**Topping**

- ✳ Vanillesauce oder geschlagene Sahne

**Außerdem**

- ✳ ofenfeste Form, Ø ca. 20 cm

# Pfirsich-Crumble

10 Minuten ✳ Backzeit: 25–30 Minuten ✳ 4 Portionen

1 Den Backofen auf 180 °C (Umluft 160 °C) vorheizen. Die Pfirsiche waschen, trocknen, halbieren und entsteinen. Die Fruchthälften in Spalten schneiden. Mit Zitronensaft und Zucker vermischen und gleichmäßig in einer gefetteten Form verteilen.

2 Für die Streusel alle Zutaten bis auf die Mandelblättchen mit den Fingern zu Streuseln verarbeiten. Dann die Streusel mit den Mandelblättchen vermischen und über den Früchten verteilen, 25–30 Minuten backen.

3 Den Crumble mit Vanillesauce oder mit geschlagener, ungesüßter Sahne servieren.

## Tipp

*Pfirsiche bestechen durch ihre Saftigkeit, Süße und ein wenig Säure – wenn sie richtig reif sind. Sind Pfirsiche noch ein wenig hart, muss man ihnen auf die Sprünge helfen. Im Ofen mit ein wenig Zitronensaft entfalten sie Aromen, die vorher noch nicht anzutreffen waren.*

**Früchte**
* 4 Nektarinen
* 2 TL Puderzucker
* Butter für die Form

**Streusel**
* 40 g Marzipan-Rohmasse
* 75 g Butter
* 60 g Mehl
* 20 g gehackte Mandeln

**Topping**
* griechischer Joghurt

**Außerdem**
* ofenfeste Form, Ø ca. 26 cm

# Nektarinen-Crisp mit Mandel-Marzipan-Streuseln

10 Minuten * Backzeit: 10 + 15 Minuten * 4 Portionen

1 Den Backofen auf 180 °C (Umluft 160 °C) vorheizen. Die Nektarinen halbieren und den Stein entfernen. Die Früchte mit Puderzucker bestreuen und mit der Schnittfläche nach oben in eine gefettete Form legen. 10 Minuten backen.

2 Für die Streusel das Marzipan grob raffeln. Mit den anderen Zutaten zu Streuseln verarbeiten und auf den Nektarinen verteilen. Weitere 15 Minuten backen, bis die Streusel leicht Farbe annehmen. Mit cremig gerührtem Joghurt servieren.

**Früchte**
* 3 Mangos
* 4 Passionsfrüchte (Maracuja)
* 1 Spritzer Zitronensaft
* 1 EL Zucker
* Butter für die Förmchen

**Streusel**
* 60 g Butter
* 50 g Zucker
* 60 g Mehl
* 2 EL zarte Haferflocken
* 2 EL Kokosraspel

**Topping**
* Kokoseis oder Ananassorbet
* Sahne

**Außerdem**
* 4 ofenfeste Förmchen, Ø ca. 10 cm

# Mango-Maracuja-Crumble

15 Minuten * Backzeit: 25 Minuten * 4 Portionen

1 Den Backofen auf 180 °C (Umluft 160 °C) vorheizen. Die Mangos schälen, das Fruchtfleisch um den Kern herum abscheiden und in mundgerechte Stückchen schneiden.

2 Die Passionsfrüchte halbieren und das Fruchtfleisch mit den kleinen Kernen mit einem Teelöffel herauslösen und mit den Mangostücken, Zitronensaft und Zucker vermischen. Das Obst gleichmäßig auf die gefetteten Förmchen verteilen.

3 Für die Streusel alle Zutaten mit den Fingern zu Streuseln verreiben und die Früchte damit bedecken. 25 Minuten backen, bis die Streusel goldgelb sind.

4 Zu diesem exotischen Crumble passt Kokoseis oder Ananassorbet, gekrönt mit etwas geschlagener Sahne.

»Süße, Säure und **einen Hauch Exotik.**«

**Früchte**
- 1 Ananas
- 1 EL Zitronensaft
- 1 TL Vanillezucker
- 2 EL Zucker
- Kokosöl für die Form

**Streusel**
- 100 g Kokosöl oder Butter
- 100 g Mehl
- 70 g brauner Zucker
- 3 EL Kokosraspel

**Topping**
- Kokoseis oder Mangosorbet

**Außerdem**
- ofenfeste Form, ca. 20 x 20 cm

# Ananas-Kokos-Crumble

10 Minuten * Backzeit: 25 + 6 Minuten * 4 Portionen

1. Den Backofen auf 180 °C (Umluft 160 °C) vorheizen. Den Strunk und den Boden der Ananas abschneiden. Die Frucht vierteln, den holzigen Teil herausschneiden, dann das Fruchtfleisch in einem Stück von der Schale schneiden. Mit Zitronensaft, Vanillezucker und Zucker beträufeln bzw. bestreuen.
2. Für die Streusel Kokosöl oder Butter mit dem Mehl verreiben, Zucker zugeben und mit den Fingern zu Streuseln verarbeiten.
3. Die Ananasviertel nebeneinander in eine gefettete Form legen und mit den Streuseln bedecken. 25 Minuten backen. Dann die Kokosraspel gleichmäßig über die Streusel streuen und weitere 6–7 Minuten backen, bis die Streusel goldgelb und die Kokosraspel leicht gebräunt sind.
4. Kokoseis oder Mangosorbet harmonieren wunderbar mit diesem aromatischen Crumble.

## Tipp

*In warmen Desserts oder Kuchen findet man Ananas immer noch selten. Warum eigentlich? Im Ofen verfeinert sich ihre Säure und in Verbindung mit Kokos spielt sie ihre Exotik aus.*

**Früchte**

* 600 g Kirschen
* 1 Spritzer Zitronensaft
* 1 EL Amaretto
* 1 Päckchen Vanillezucker
* 2 EL Zucker
* Butter für die Form

**Streusel**

* 75 g Marzipan-Rohmasse
* 75 g geschmolzene Butter
* 50 g Mehl
* 40 g zarte Haferflocken

**Topping**

* Vanille- oder Joghurteis

**Außerdem**

* 4 ofenfeste Förmchen, Ø ca. 10–12 cm

# Kirsch-Marzipan-Crumble

20 Minuten * Backzeit: 25–30 Minuten * 4 Portionen

1 Den Backofen auf 180 °C (Umluft 160 °C) vorheizen. Die Kirschen sorgfältig entsteinen. Mit Zitronensaft, Amaretto, Vanillezucker und Zucker vermischen und 10 Minuten ziehen lassen.

2 Das Marzipan grob raffeln. Mit den übrigen Zutaten zu Streuseln verreiben.

3 Die Kirschen gleichmäßig auf die gefetteten Förmchen verteilen. Mit den Streuseln bedecken und 25–30 Minuten backen, bis die Streusel goldgelb sind. Eventuell nach 20 Minuten die Crumbles mit Alufolie abdecken, falls die Streusel zu stark bräunen.

## Tipp

*Seien Sie beim Entsteinen der Kirschen sehr sorgsam, denn nichts ist unangenehmer, als unerwartet auf einen Kirschkern zu beißen.*

»Kirschen markieren **für mich den wirklichen** Beginn des Sommers.«

**Früchte**
* 750 g Zwetschgen
* ½ TL Zimt
* 4 EL Zucker
* 2 EL Pflaumenschnaps (Sliwowitz)
* Butter für die Form

**Streusel**
* 100 g kalte Butter
* 160 g Mehl
* 60 g Zucker

**Topping**
* Zimteis
* Sahne

**Außerdem**
* ofenfeste Form, Ø ca. 28 cm

# Zwetschgen-Crumble

10 Minuten ✳ Backzeit: 25–30 Minuten ✳ 4 Portionen

1 Den Backofen auf 190 °C (Umluft 170 °C) vorheizen. Die Zwetschgen waschen, entsteinen und vierteln. Eine Form einfetten und die Früchte hineingeben. Zimt und Zucker mischen und über die Zwetschgen streuen, dann mit dem Pflaumenschnaps beträufeln.

2 Für die Streusel Butter und Mehl verreiben. Mit dem Zucker zu Streuseln verkneten und die Zwetschgen gleichmäßig damit bedecken. 25–30 Minuten backen, bis die Streusel goldgelb sind und die Zwetschgen Saft gezogen haben.

3 Mit Zimteis (Vanilleeis schmeckt auch gut dazu) und geschlagener Sahne servieren.

## Tipp

*Es gibt nicht viele Früchte, die vom Kochen geschmacklich profitieren. Die Zwetschge gehört dazu. Manch fades Früchtchen entwickelt beim Garen mit ein wenig Zucker das optimale Verhältnis von Süße und Säure. Verfeinert wird dieser Crumble durch etwas Pflaumenschnaps. Wer keinen Alkohol mag, lässt ihn einfach weg.*

**Früchte**
- 8 frische Feigen
- 2 EL flüssigen Honig
- Butter für die Form

**Streusel**
- 75 g Butter
- 40 g zarte Haferflocken
- 40 g Mehl
- 40 g Zucker
- 20 g gehackte Haselnüsse

**Topping**
- 200 g griechischer Joghurt
- 2 TL Honig

**Außerdem**
- ofenfeste Form, Ø ca. 26 cm

# Feigen-Crisp

10 Minuten * Backzeit: 25–30 Minuten * 4 Portionen

1 Den Backofen auf 180° C (Umluft 160 °C) vorheizen. Die Feigen jeweils über Kreuz tief einschneiden, aber nicht durchschneiden. Die entstandenen Viertel ein wenig auseinanderziehen, in eine gefettete Form geben und mit dem Honig beträufeln.

2 Für die Streusel alle Zutaten mit den Fingern zu Streuseln verarbeiten, über die Feigen krümeln und 25–30 Minuten backen.

3 Den Joghurt mit Honig verrühren und zum Crumble servieren.

## Tipp

*Für einen Feigen-Crisp benötigt man unbedingt wirklich reife Früchte, denn sie sind weich und schmecken herrlich aromatisch. Sind Ihre Feigen noch etwas unreif, hilft ein Spritzer Zitronensaft, das Aroma der Früchte herauszukitzeln.*

**Früchte**
* 4 säuerliche Äpfel (z. B. Boskop, Elstar, Cox Orange)
* 1 EL Zucker
* ½ TL Zimt
* 1 Prise gemahlene Nelken
* 40 g Rosinen
* 75 ml Weißwein
* Saft von ½ Zitrone
* Butter für die Form

**Streusel**
* 75 g Mehl
* 45 g geschmolzene Butter
* 40 g Zucker
* 1 Prise Salz

**Topping**
* 200 g Crème fraîche
* 1,5 EL Calvados

**Außerdem**
* ofenfeste Form, Ø ca. 24 cm

# Apfelpunsch-Crumble mit Calvadoscreme

15 Minuten * Backzeit: 25 Minuten * 4 Portionen

1 Den Backofen auf 180 °C (Umluft 160 °C) vorheizen. Die Äpfel schälen, vierteln und in ca. ½ cm dicke Scheiben schneiden. In einem Topf mit Zucker, Zimt, Nelken, Rosinen, Wein und Zitronensaft dünsten, aber nicht weich kochen. In eine gefettete Form geben.

2 Für die Streusel alle Zutaten zu einem krümeligen Teig verarbeiten. Die Äpfel damit bedecken und ca. 25 Minuten backen, bis die Streusel schön bräunen.

3 Die Crème fraîche mit Calvados verrühren und zum warmen Crumble reichen.

»Dieses Rezept war **die Initialzündung** für meine Crumble-Liebe. Zu verdanken habe ich es **ursprünglich** Wolfram Siebeck, der sein **Rezept 1986** mit den **Lesern** der Wochenzeitschrift »**Die Zeit**« teilte. Ich habe **im Laufe der Zeit** die Anzahl der Äpfel erhöht. **Da meine Gäste** die Streusel immer sehr lieben, sich aber **beklagten**, dass es so wenige waren, habe ich auch die **Streuselmenge** angepasst.«

**Früchte**

- 800 g säuerliche Äpfel (ca. 5 Stück, z. B. Boskop oder Elstar)
- 3 EL Weißwein
- 3 EL Zucker
- 1 EL Zitronensaft
- 30 g Rosinen
- Butter für die Form

**Streusel**

- 100 g Butter
- 75 g Mehl
- 80 g Honigkuchen
- 40 g Zucker
- 40 g gemahlene Mandeln

**Topping**

- Vanilleeis
- geschlagene Sahne

**Außerdem**

- ofenfeste Form, Ø ca. 24 cm

# Rosinen-Apfel-Crumble mit Honigkuchenstreuseln

10 Minuten * Backzeit: 25–30 Minuten * 4 Portionen

1 Den Backofen auf 180 °C (Umluft 160 °C) vorheizen. Die Äpfel vierteln, entkernen und schälen. In Spalten schneiden und zusammen mit Weißwein, Zucker, Zitronensaft und Rosinen in einem Topf ca. 4 Minuten leise köcheln lassen. Die Apfelstücke sollten nicht zusammenfallen. Alles in die gefettete Form füllen.

2 Für die Streusel den Honigkuchen im Blitzhacker zerkrümeln oder mit dem Messer in sehr kleine Würfel schneiden. Mit Butter, Mehl, Zucker und gemahlenen Mandeln zu einem krümeligen Teig verarbeiten. Über die Äpfel geben und 25–30 Minuten backen. Mit Vanilleeis und geschlagener Sahne servieren.

## Tipp

*Lageräpfel sind perfekt zum Backen. Auch Äpfel, die schon ein wenig schrumpelig sind, eignen sich gut dafür.*

»So lassen **sich Herbsttage verzaubern!«**

**Früchte**
* 400 g Äpfel
* 400 g Birnen
* Saft von 1 Orange
* 2 EL Zucker
* 30 g gehackte Walnüsse
* 30 g gehackte Mandeln
* Butter für die Form

**Streusel**
* 70 g zarte Haferflocken
* 50 g Mehl
* ½ TL Zimt
* 50 g geschmolzene Butter
* 50 g brauner Zucker
* 1 EL Ahornsirup (oder Rübensirup oder Honig)

**Topping**
* Walnuss- oder Vanilleeis
* Vanillesauce

**Außerdem**
* ofenfeste Form, ca. 20 x 20 cm

# Apfel-Birne-Nuss-Crumble

10 Minuten * Backzeit: 30 Minuten * 4 Portionen

1 Den Backofen auf 190 °C (Umluft 170 °C) vorheizen. Äpfel und Birnen vierteln, schälen und entkernen, dann in mundgerechte Stücke schneiden. Die Früchte mit Orangensaft und Zucker in einem Topf zum Kochen bringen und 3 Minuten dünsten. Dann mit den Nüssen mischen und in eine gefettete Form geben

2 Für die Streusel alle Zutaten mit den Fingern zu Streuseln verarbeiten, gleichmäßig auf den Früchten verteilen und ca. 30 Minuten backen, bis die Früchte leicht Saft gezogen haben und unter den Streuseln hervorblubbern.

3 Zu diesem herbstlichen Crumble passt Eis oder/und Vanillesauce.

## Tipp

*Herbst: Zeit der Äpfel, der Birnen und auch der frischen Nüsse. Ich weiß, es ist einfacher, Walnusskerne fertig zu kaufen. Probieren Sie aber dennoch einmal die neue Ernte der Walnüsse und knacken Sie die Nüsse selbst. Der wunderbare Geschmack wird Sie überzeugen..*

**Früchte**

* 1 Orange
* 1,5 Bananen
* 2 Äpfel
* 2 EL Zitronensaft
* 2 EL Rosinen
* 6 EL Haferflocken

**Streusel**

* 70 g Kokosöl
* 30 g Reismehl
* 30 g Kokosmehl
* 25 g zarte Haferflocken
* 40 g geriebene Haselnüsse
* 30 g gehackte Mandeln
* 3 TL Honig

**Topping**

* 300 g griechischer Joghurt

**Außerdem**

* Backblech mit Backpapier
* 4 Gläser, ca. 160 ml

# Müsli-Crumble

10 Minuten * Backzeit: 7–10 Minuten * 4 Portionen

1 Den Backofen auf 180 °C (Umluft 160 °C) vorheizen. Für die Streusel alle Zutaten mit den Händen verreiben und auf einem mit Backpapier ausgelegtem Backblech verteilen. 7–10 Minuten im heißen Ofen backen, bis die Streusel leicht gebräunt sind.

2 Die Orange schälen, dabei möglichst viel von der weißen Haut entfernen. Mit einem scharfen Messer die Orangenstücke über einer großen Schüssel herauslösen, dabei möglichst viel Orangensaft auffangen.

3 Die Bananen schälen und schräg in mundgerechte Stücke schneiden. Die Äpfel vierteln, entkernen, schälen und in 1 cm große Stücke schneiden. Die Früchte mit Zitronensaft beträufeln.

4 Haferflocken und Rosinen mischen und in Gläser füllen. Darauf die Bananen und Äpfel, dann die Orangenfilets geben. Die Gläser mit Joghurt auffüllen und die Streusel darauf verteilen.

»Genießen Sie **diesen Ausnahme-Crumble als sonntägliches** Luxusfrühstück mit Powereffekt!«

»Frische Cranberries **sind recht säuerlich, aber** wunderbar fruchtig.«

**Früchte**
- 3 säuerliche Äpfel (z. B. Boskop)
- 50 g frische oder gefrorene Cranberries (oder 30 g getrocknete)
- 40 g Zucker
- ¼ TL Zimt (nach Belieben)
- Butter für die Form

**Streusel**
- 100 g Mehl
- 100 g gemahlene Mandeln
- 90 g braunen Zucker
- 10 g Vanillezucker
- 125 g kalte Butter

**Topping**
- 100 g Crème fraîche

**Außerdem**
- ofenfeste Form, Ø ca. 26 cm

# Apfel-Cranberry-Crisp

10 Minuten * Backzeit: 30–40 Minuten * 4 Portionen

1 Den Ofen auf 180 °C (Umluft 160 °C) vorheizen. Die Äpfel vierteln, entkernen und schälen und in ca. ½ cm dicke Stücke schneiden. Mit Cranberries und Zucker mischen. Optional ¼ TL Zimt untermischen und das Obst in eine gefettete Form geben.

2 Mehl, Mandeln, Zucker und Vanillezucker in einer Schüssel mischen. Die Butter in kleinen Stücken dazugeben. Alles mit den Fingern zu Streuseln verreiben, auf die Früchte geben und 30–40 Minuten backen. Mit glatt gerührter Crème fraîche servieren.

**Früchte**
* 600 g Äpfel (z. B. Boskop oder Cox Orange)
* 1 EL Zitronensaft
* 3 EL flüssiger Honig
* 3 EL Wasser
* 250 g gegarte Maronen (z. B. vakuumverpackt)
* Butter für die Form

**Streusel**
* 60 g Kastanienmehl
* 40 g Mehl
* 20 g gemahlene Haselnüsse
* 80 g kalte Butter
* 2–4 EL brauner Zucker
* 1 Prise Salz

**Topping**
* Sahne mit Kirschwasser
* oder Crème fraîche mit Grappa

**Außerdem**
* ofenfeste Form, Ø ca. 24 cm

# Maronen-Apfel-Crisp

10 Minuten * Backzeit: 30–35 Minuten * 4 Portionen

1 Den Backofen auf 180 °C (Umluft 160 °C) vorheizen. Die Äpfel vierteln, entkernen und schälen und in mundgerechte Stücke schneiden. In einem Topf Zitronensaft mit Honig und Wasser aufkochen, Apfelstücke und Maronen dazugeben und ca. 4 Minuten dünsten. Alles in eine gefettete Form geben.

2 Für die Streusel alle Zutaten mit den Fingern verarbeiten und die Streusel über den Äpfeln und Maronen verteilen. 30–35 Minuten backen, bis die Streusel goldgelb gebräunt sind. Falls die Streusel zu stark bräunen, nach 20 Minuten mit Alufolie abdecken.

3 Servieren Sie diesen aromatischen Crisp mit Schlagsahne, die mit Kirschwasser aromatisiert wurde oder mit einer Crème fraîche, die Sie mit etwas Grappa verrühren.

»In der **Schweiz** bereitet man **aus Maroni** vor allem Desserts zu. **Das inspirierte mich** zu diesem **herbslichen Crips**.«

»Zugegeben, die **Quitten brauchen etwas Zeit,** **aber** dafür wird man **auch mit einem ganz besonderen** Crumble belohnt.«

**Früchte**

* 800 g Quitten (ca. 2 große Früchte)
* Saft und Schalenabrieb von 1 Bio-Orange
* 100 g Zucker
* 80 ml Wasser
* Butter für die Form

**Streusel**

* 100 g kalte Butter
* 100 g Mehl
* 60 g zarte Haferflocken
* 100 g Zucker

**Topping**

* Vanilleeis oder Sahne

**Außerdem**

* Alufolie
* ofenfeste Form, Ø ca. 24 cm

# Quitten-Crumble

10 Minuten * Backzeit: 45 + 45 + 20–25 Minuten * 4 Portionen

1 Den Backofen auf 190 °C (Umluft 170 °C) vorheizen. Die Quitten mehrfach einstechen, in Alufolie wickeln und ca. 45 Minuten im Backofen backen. 10–15 Minuten abkühlen lassen.

2 Orangensaft und -schale mit Zucker und Wasser in einem Topf aufkochen und solange köcheln lassen, bis der Zucker sich aufgelöst hat. Weitere 3 Minuten kochen lassen, bis die Flüssigkeit eine sirupartige Konsistenz hat.

3 Die Quitten achteln, entkernen und schälen und in eine gefettete Form geben. Den Sirup über die Früchte geben, die Form mit Alufolie abdecken und 45 Minuten backen, bis die Früchte weich sind.

4 Für die Streusel alle Zutaten mit den Fingern verarbeiten und bis zur Verwendung kühl stellen.

5 Wenn die Quitten gar sind, die Ofentemperatur auf 180 °C (Umluft 160 °C) stellen. Die Streusel gleichmäßig über den Quitten verteilen und ca. 20–25 Minuten backen, bis die Streusel goldgelb sind. Mit Schlagsahne oder Vanilleeis servieren.

**Schokoladensauce**
* 200 ml Wasser
* 125 g Zucker
* 40 g Kakaopulver
* 30 g Zartbitterschokolade

**Früchte**
* 2 Birnen
* 2 EL Butter
* 2 EL Honig
* Butter für die Form

**Streusel**
* 100 g kalte Butter
* 150 g Mehl
* 60 g Zucker

**Außerdem**
* ofenfeste Form, Ø ca. 26 cm
* Backblech mit Backpapier

# Birne Helene-Crumble

15 Minuten * Backzeit: 10 + 6 + 8–10 Minuten * 4 Portionen

1 Den Backofen auf 180 °C (Umluft 160 °C) vorheizen. Für die Schokoladensauce in einem Topf Wasser und Zucker aufkochen und 5 Minuten köcheln lassen. Das Kakaopulver einrühren und nochmals aufkochen. 10 Minuten abkühlen lassen. Die Schokolade grob hacken und in der Sauce schmelzen lassen. Abkühlen lassen.

2 Die Birnen halbieren und das Kerngehäuse entfernen. Die Birnenhälften mit der Schnittfläche nach unten in eine großzügig eingefettete Form legen.

3 Die Birnen 10 Minuten backen, dann wenden und die Schnittfläche mit dem Honig bestreichen. Weitere 6 Minuten backen. Aus dem Ofen nehmen und leicht abkühlen lassen.

4 Für die Streusel die kalte Butter in kleine Würfel schneiden oder grob raffeln. Mit Mehl und Zucker zu Streuseln verkneten. Auf einem mit Backpapier ausgelegten Backblech verteilen und 8–10 Minuten backen, bis die Streusel schön goldgelb sind.

5 Die Birnenhälften auf Dessertteller geben und die Streusel darüber verteilen. Die Schokoladensauce dazu servieren.

»Dies ist **meine freie Interpretation des** Klassikers »Birne Helene«: **Die Birne kommt in den** Ofen und separat **dazu gibt es Streusel und** Schokoladensauce.«

## Tipp

Es lohnt sich, die doppelte Menge Rotweinpflaumen zuzubereiten. Sie halten sich im Kühlschrank bis zu 3 Wochen.

**Früchte**
* 375 ml junger, trockener Rotwein (z. B. Burgunder)
* 200 g flüssiger Honig
* ½ TL Zimt
* 250 g Dörrpflaumen
* Butter für die Form

**Streusel**
* 100 g Mehl
* 60 g geschmolzene Butter
* 60 g Zucker
* 1 Prise Salz

**Topping**
* Vanillleeis

**Außerdem**
* ofenfeste Form, Ø ca. 26 cm

# Weihnachts-Crumble mit Rotweinpflaumen

10 Minuten ✳ Ziehzeit: 24 Stunden ✳ 4 Portionen

1 Den Backofen auf 200 °C (Umluft 180 °C) vorheizen. In einem Topf Wein, Honig und Zimt aufkochen, vom Herd nehmen und die Dörrpflaumen hineingeben. Abgedeckt im Kühlschrank mindestens 24 Stunden ziehen lassen.

2 Für die Streusel das Mehl mit Butter, Zucker und Salz mit den Fingern verarbeiten.

3 Die Pflaumen aus dem Rotweinsud nehmen und in eine gefettete Form geben. Mit den Streuseln bedecken und 20–25 Minuten backen. Den Rotweinsud in einem separaten Kännchen dazu servieren. Dazu passt Vanilleeis.

»Die eingelegten **Dörrpflaumen habe ich bei** einem Studentenjob im Eiscafé **als »Burgunderpflaumen« kennengelernt. Dort wurden** sie zu Vanilleeis **serviert. Ich finde, dass sie** auch einen **tollen Crumble** abgeben.«

**Früchte**

- 800 g Birnen (z. B. Abate oder Williams Christ)
- 100 ml Wasser
- 100 g Zucker
- Schalenabrieb von 1 Bio-Orange
- 1 Prise Zimt
- Butter für die Form

**Streusel**

- 60 g Spekulatius ohne Mandeln (oder Karamellkekse)
- 60 g flüssige Butter
- 25 g Zucker
- 25 g Mehl

**Vanillesauce**

- 1 Vanilleschote
- 300 ml Milch
- 200 g Sahne
- 5 Eigelb
- 75 g Zucker

**Außerdem**

- ofenfeste Form, Ø ca. 22 cm

# Spekulatius-Crumble mit Birne

20 Minuten * Backzeit: 20 Minuten * 4 Portionen

1 Den Backofen auf 180 °C (Umluft 160 °C) vorheizen. Die Birnen vierteln, entkernen und schälen. In einem Topf Wasser und Zucker aufkochen, bis sich der Zucker gelöst hat und die Flüssigkeit sirupartig wird. Orangenschale und Zimt zufügen. Die Birnenviertel in den heißen Sirup legen und 10 Minuten ziehen lassen.

2 Die Birnen aus dem Sirup herausnehmen und in eine gefettete Form geben.

3 Die Spekulatiuskekse in einen Gefrierbeutel geben und mit dem Nudelholz grob zerkrümeln. Mit den restlichen Zutaten zu Streuseln verarbeiten. Über den Birnen verteilen und 20 Minuten backen, bis die Streusel knusprig sind. Falls sie zu stark bräunen, nach 10 Minuten mit Alufolie abdecken.

4 Für die Vanillesauce die Vanilleschote aufschlitzen, das Mark herauskratzen und Mark und Schote mit Milch und Sahne in einem Topf erhitzen, aber nicht kochen, die Vanilleschote herausnehmen.

5 Eigelb mit Zucker aufschlagen, bis sich der Zucker gelöst hat. Die Milchsahne zur Eigelbmasse geben und gut einrühren. Das Ganze zurück in den Topf geben und so lange erhitzen, bis die Creme eindickt und den Rücken eines Holzlöffels überzieht, wenn man ihn aus der Sauce nimmt. Das ist in der Regel bei 80–82 °C der Fall. Auf keinen Fall höher erhitzen und kochen, sonst gerinnt die Creme. Die Vanillesauce kalt servieren.

»Sie werden **nie mehr Vanillesauce aus Pulver** anrühren, wenn Sie **diese einmal ausprobiert haben!**«

**Früchte**

- 800 g Birnen (z. B. Williams Christ, Abate oder Kaiser Alexander)
- 200 ml Wasser
- 200 g Zucker
- 3 cm Ingwer
- Butter für die Form

**Streusel**

- 30 g Cashewkerne
- 80 g Butter
- 60 g Zucker
- Schalenabrieb von ½ Bio-Zitrone
- 100 g Mehl

**Topping**

- griechischer Joghurt

**Außerdem**

- ofenfeste Form, ca. 20 x 20 cm

# Birnen-Ingwer-Crisp

20 Minuten * Backzeit: 25–30 Minuten * 4 Portionen

1 Den Backofen auf 180 °C (Umluft 160 °C) vorheizen. Die Birnen vierteln, entkernen und schälen. In einem Topf Wasser und Zucker aufkochen, bis sich der Zucker gelöst hat und die Flüssigkeit eine sirupartige Konsistenz hat. Vom Herd nehmen.

2 Den Ingwer schälen, in Scheiben schneiden und mit den Birnen in den Sirup geben. 6 Minuten ziehen lassen. Die Birnen herausnehmen und in eine gefettete Form geben.

3 Für die Streusel die Cashewkerne im Blitzhacker fein mahlen. Mit den anderen Zutaten zu Streuseln verarbeiten und auf den Birnen verteilen. 25–30 Minuten backen, bis die Streusel goldgelb sind. Mit cremig gerührtem Joghurt servieren.

**Früchte**
* 800 g Birnen (z. B. Williams Christ)
* Butter für die Form

**Topping**
* Vanilleeis

**Streusel**
* 70 g Butter
* 80 g Mehl
* 30 g gemahlene Walnüsse
* 40 g Zucker

**Karamell**
* 100 g Zucker
* 40 g gesalzene Butter
* 2 EL Sahne

**Außerdem**
* ofenfeste Form, Ø 24–26 cm

# Birnen-Crisp mit Salzkaramell

20 Minuten * Backzeit: 20 Minuten * 4 Portionen

1 Den Backofen auf 175 °C (Umluft 155 °C) vorheizen. Die Birnen vierteln, entkernen, schälen und in mundgerechte Stücke schneiden. Die Birnenstücke in eine ofenfeste, gefettete Form geben.

2 Für die Streusel alle Zutaten mit den Fingern zu Streuseln verarbeiten.

3 Den Zucker in einer beschichteten Pfanne bei mittlerer Temperatur schmelzen lassen, nicht umrühren. Sobald der Zucker bräunt und die gewünschte, goldgelbe Farbe hat, die Butter dazugeben und mit einem Holzlöffel einrühren. Das zischt zunächst, aber keine Angst, das ist normal. Zum Schluss die Sahne unterrühren.

4 Den Karamell über die Birnen geben. Dann die Streusel gleichmäßig darüber verteilen. 20 Minuten backen, bis die Streusel leicht bräunen. Sie sollten nicht zu dunkel werden, weil auch das Karamell sonst dunkler und damit bitter wird. Servieren Sie Vanilleeis dazu.

## Tipp

*Kaum jemand kann einem guten Karamell widerstehen. Doch die meisten Hobbyköche schrecken vor Karamell zurück. Es stimmt zwar, dass zwischen einem gutem Karamell und dem Ruf nach der Feuerwehr oft nur wenige Sekunden liegen, aber wer bei der Zubereitung aufmerksam ist, dem wird kaum etwas passieren.*

»Und wenn zum **salzigen Karamell**
**dann** die süßesten Birnen kommen,
ist das **Dessert-Glück perfekt.**«

# Streusel: Standard, glutenfrei, vegan

**Alle hier aufgeführten Streusel können »universell« eingesetzt werden.** Nehmen Sie einfach Früchte nach Belieben und bestreuen Sie sie mit Streuseln nach diesen Rezepten. Die Backzeit variiert dabei nach Art der Früchte: Zarte Beeren garen schneller als feste Äpfel. Wenn Sie Gäste erwarten, können Sie für alle Fälle auch glutenfreie und vegane Streusel vorbereiten, so gibt es später keine langen Gesichter.

Grundsätzlich gelingen die meisten Streuselrezepte mit fertigen, **glutenfreien Mehlmischungen**, die auch für Kekse geeignet sind. Wer aber gern ein wenig experimentiert, kann folgende Streuselrezepte ausprobieren. Normalerweise wird für **glutenfreies Backen** empfohlen, mehrere Mehle zu mischen, um ein möglichst gutes Ergebnis zu erzielen. Streusel sind allerdings einfacher gemacht, das Mehl benötigt keine große Bindung und das rasche Zerkrümeln ist durchaus gewünscht.

Crumbles und Crisps sind ein **idealer Nachtisch für Veganer**. Beim Teig für die Streusel wird einfach die Butter durch vegane Margarine ersetzt. Es müssen weder Alternativen für Eier gesucht werden, noch benötigt der Teig zwingend tierisches Fett oder Eiweiß. Bei der veganen Streuselvariante mit Kokosöl und Kokosmehl können Sie sicher sein, dass der Crumble auch für Nicht-Veganer **ein Volltreffer** ist.

## 1 Standardmischung für Crumbles

* 100 g Mehl
* 100 g Zucker
* optional: Vanillezucker, Zimt, Kardamom oder Ingwer

Alle Zutaten mit den Händen rasch zerkrümeln oder im Blitzhacker kurz vermischen. Im vorgeheizten Backofen bei 180 °C (Umluft 160 °C) je nach Frucht bis zu 45 Minuten backen

## 2 Standardmischung für Crisps

* 100 g Mehl
* 100 g Zucker
* 100 g kalte Butter in kleinen Würfeln
* 100 g gemahlene Mandeln oder Haselnüsse
* optional: Vanillezucker oder Zimt

Alle Zutaten mit den Händen rasch zerkrümeln oder im Blitzhacker kurz vermischen. Im vorgeheizten Backofen bei 180 °C (Umluft 160 °C) je nach Frucht bis zu 45 Minuten backen.

### 3 Haferflockenstreusel mit Zimt und Ahornsirup

- 70 g zarte Haferflocken
- 50 g Mehl
- ½ TL Zimt
- 50 g geschmolzene Butter
- 50 g brauner Zucker
- 1 EL Ahornsirup (oder Rübensirup)

Alle Zutaten mit einem Holzlöffel vermischen und mit den Fingern zerkrümeln. Im Crumble benötigen diese Streusel bei 180 °C (Umluft 160 °C) ca. 20–30 Minuten, bis sie schön bräunen. Auf dem Backblech ohne Früchte brauchen sie 7–10 Minuten.

### 4 Glutenfreie Streusel aus Vollkornreismehl

- 75 g Vollkornreismehl (Bioladen)
- 60 g weiche Butter
- 45 g Zucker
- 1 Prise Salz

Alle Zutaten in eine Schüssel geben und mit einem Kochlöffel gut vermischen, bis ein krümeliger Teig entstanden ist. Im Crumble bei 180 °C (Umluft 160 °C) ca. 20–30 Minuten backen, bis die Streusel schön bräunen. Auf dem Backblech ohne Früchte benötigen die Streusel nur 7–10 Minuten.

### 5 Glutenfreie Streusel mit Teffmehl und Hirse

- 120 g Butter
- 25 g Zucker
- 25 g Muscovadozucker* oder brauner Zucker
- 120 g Teffmehl
- 80 g Hirseflocken

Die Butter schmelzen. Beide Zuckerarten, Teffmehl und Hirseflocken dazugeben und vermischen. Im Crumble bei 180 °C (Umluft 160 °C) 20–30 Minuten backen, bis die Streusel schön bräunen. Auf dem Backblech ohne Früchte benötigen die Streusel nur 7–10 Minuten. *(Der dunkelbraune Muscovadozucker ist ein Rohrohrzucker von der Insel Mauritius. Er besitzt ein einzigartiges, schweres und nussartiges Karamellaroma, das gut zu Gebäck passt.)*

### 6 Vegane Kokosstreusel

- 60 g Kokosöl
- 60 g Kokosblütenzucker (Palmzucker)
- 40 g Kokosmehl
- 25 g zarte Haferflocken
- 1 Prise Salz

Das Kokosöl sollte bei Zimmertemperatur weich sein. Falls es hart ist, kurz erwärmen. Alle Zutaten mit den Fingern oder einem Holzlöffel zu Streuseln verarbeiten. Im Crumble benötigt diese Mischung eine Backzeit von 20–30 Minuten bei 180 °C (Umluft 160 °C). Da der Palmzucker sehr dunkel ist, bräunen die Streusel sehr schnell, deshalb eventuell mit Alufolie abdecken.

# Alphabetisches Register

# Rezeptregister nach Frucht

## Apfel



## Aprikose, Nektarine, Pfirsich



## Beeren



## Birne



## Pflaume, Zwetschge



## Rhabarber



## Verschiedene

# Impressum

1. Auflage

ISBN: 978-3-572-08182-0



**Umschlaggestaltung:** Atelier Versen, Bad Aibling
**Layout:** Katharina Schweissguth, Visuelle Kommunikation, München
**Fotografie:** Veronika Studer; mit Ausnahme von: fotolia/RF: 9 (Dionisvera), 10 (Tim UR), 11 (Nitika), 13 (thodonal); Stockfood, München: Cover (Wolfgang Schardt)
**Bildredaktion:** Sabine Kestler
**Herstellung:** Elke Cramer
**Projektleitung:** Anja Halveland



**Satz:** Epsilon2, Erdmannhausen
**Reproduktion:** Regg Media GmbH, München
**Druck und Verarbeitung:** Mohn Media Mohndruck GmbH, Gütersloh

Printed in Germany

FSC® www.fsc.org
MIX
Papier aus verantwortungsvollen Quellen
FSC® C011124

Verlagsgruppe Random House FSC® N001967
Das für dieses Buch verwendete FSC®-zertifizierte Papier *Profisilk* liefert Sappi Stockstadt.